L'Abbé Jules THOMAS

CHANOINE HONORAIRE, DOCTEUR EN THÉOLOGIE ET CURÉ-DOYEN
DE NOTRE-DAME DE DIJON

NOS SAINTS OUBLIÉS

DIJON

LA REVUE DE BOURGOGNE

13, RUE PAUL-CABET, 13

1911

Extrait de *La Revue de Bourgogne*
1er avril 1911.

NOS SAINTS OUBLIÉS

LE diocèse de Dijon date de 1731. Il fut d'abord d'une assez faible étendue : il ne comprit, avant le Concordat de 1801, qu'un district de l'ancien diocèse de Langres, ce que l'on appelait l'archidiaconé du Dijonnais, et encore ne l'engloba-t-il pas tout entier.

Cet archidiaconé renfermait cinq doyennés : ceux de Dijon, de Saint-Seine-l'Abbaye, de Bèze, de Grancey-le-Château et de Fouvent. Les deux premiers entrèrent entièrement dans la circonscription nouvelle, l'un avec 35 paroisses, l'autre avec 33. Le doyenné de Bèze, qui était attaché à la cure de Cusey, comptait 47 paroisses : 40 firent partie du nouveau diocèse ; les sept autres restèrent à Langres. Le doyenné de Fontaine-Française, qui était annexé à la cure d'Esnons, avec 41 paroisses, en céda 29, les douze autres, parmi lesquelles se trouvaient Grancey-le-Château et Montsaugeon, restant également à Langres. Le doyenné de Fouvent, qui avait 28 paroisses, en fit passer seulement 18 à Dijon, le diocèse de Langres s'étant de même réservé les dix autres. Le dénombrement total du nouveau diocèse donnait ainsi 155 paroisses.

Cette première formation se maintint jusqu'à la Révolution. Les nouvelles circonscriptions qui furent ensuite établies, en vertu du IIe article du Concordat, changèrent du tout au tout l'état des choses. L'ancien diocèse de Langres se trouva supprimé au profit de celui de Dijon, qui comprit dès lors tout le département de la Haute-Marne et celui de la Côte-d'Or. Le département de la Haute-Marne lui fournit 549 paroisses, dont 359 venaient de l'ancien diocèse de Langres, et 190 des diocèses de Troyes, de Toul, de Besançon et de Chalon-sur-Saône. Le département de la Côte-d'Or renferma 525 paroisses : les 155 cures primitives se trouvèrent ainsi portées au nombre de 1.074.

I

Le second évêque de Dijon, Claude Bouhier, publia, en 1753, un Propre des Saints de son petit diocèse. Il y fit entrer d'abord le vénéré patron de l'Église mère, saint Mammès ; puis les anciens évêques honorés à Langres d'un culte immémorial : saint Didier, saint Urbain, saint Aproncule ; les anciens évêques aussi de l'église métropolitaine : saint Pothin, saint Irénée et saint Eucher ; les Saints qui se rattachaient d'une manière spéciale au souvenir de saint Bénigne : les *Tergemini* et saint Grégoire de Langres ; les saints locaux : saint Bernard et sainte Jeanne de Chantal, en ce sens que leurs fêtes furent élevées à un rite supérieur ; puis saint Florent de Til-Châtel et les Saints spécialement honorés parmi nous : saint Médard, saint Roch, saint Victor et sainte Couronne, avec les grandes figures de sainte Clotilde et de saint Germain d'Auxerre.

Le *Breviarium Divionense*, édité à Paris, en 1762, par Mgr d'Apchon, reproduisit la même liste avec quelques modifications relatives, pour la plupart, au jour de la fête et au degré du rite. Mais il élargit considérablement le cadre du premier calendrier liturgique. On y vit figurer quelques-uns des anciens évêques de Besançon et de Toul : saint Antide et saint Epvre ; des reines de France : sainte Bathilde et sainte Radegonde ; d'autres Saints locaux : saint Frodulphe et saint Seine ; d'autres plus particulièrement chers à certaines églises : saint Lazare, saint Cyr et sainte Julitte ; des patrons de nombreuses paroisses : saint Aignan, saint Aubin, saint Brice, saint Baudèle.

La réédition du *Breviarium Divionense* de 1762, qui fut faite en 1821 par Mgr Dubois, n'apporta point de modifications sensibles au calendrier de Mgr d'Apchon. L'occasion pourtant s'y prêtait, parce que la face du diocèse était totalement changée. Les paroisses, en 1821, se trouvaient presque sept fois plus nombreuses qu'en 1731 ; les souvenirs des Saints qui étaient en honneur, dans les unes ou dans les autres, offraient une ample matière à un remaniement de l'ancien Propre. N'était-ce point, d'ailleurs, un droit pour tant d'églises nouvelles de continuer d'offrir à leurs protecteurs célestes le culte qu'elles leur avaient toujours rendu ? L'omission systématique de leurs noms dans le calendrier de 1821 ne pouvait guère se justifier.

Mais, si la réforme dont il s'agit s'était faite, les événements qui survinrent peu après ne s'y seraient point ajustés, parce que le diocèse de Dijon perdit alors tout le département de la Haute-Marne, y compris les paroisses des anciens doyennés de Cusey, d'Esnons et de Fouvent, qui avaient appartenu à son état embryonnaire de 1731. L'évêché de Langres, rétabli en principe dès 1822, fut définitivement reconstitué en 1823, et son nouvel évêque, Mgr d'Orcet, sacré à Paris, en 1824, vint renouer la chaîne de ses antiques traditions.

C'est à partir de cette époque que le diocèse de Dijon, réduit au département de la Côte-d'Or, et resté, notons-le, malgré ce démembrement, l'un des plus étendus de toute la France, se trouva composé de 525 paroisses, qui comprenaient 717 communes.

Il y a lieu d'en faire aussi la remarque : l'ancien diocèse de Langres lui fournissait, depuis 1801, non plus seulement comme autrefois 155 paroisses, mais 325 communes ; la perte de celles que la nouvelle division départementale lui avait enlevées du côté de la Vingeanne était compensée par un appoint considérable, qui venait des anciens doyennés langrois de Moutiers-Saint-Jean, Molesme et Châtillon-sur-Seine.

De plus, d'assez nombreuses paroisses lui étaient aussi venues des anciens diocèses d'Autun, de Chalon-sur-Saône et de Besançon, par suite de leur annexion au département de la Côte-d'Or. Le diocèse d'Autun lui avait cédé 314 communes, avec des villes importantes, comme Nuits, Beaune et Semur-en-Auxois ; celui de Chalon 58, en franchissant la Saône à Lamarche, pour venir par Genlis jusqu'à Chenôve et à Corcelles-les-Monts ; enfin celui de Besançon lui avait fourni 30 communes sur la rive gauche de la Saône, y compris les villes d'Auxonne et de Seurre.

L'agglomération diocésaine ainsi composée devait posséder un patrimoine de souvenirs liturgiques en rapport avec ses nouvelles frontières. Son hagiologie, en effet, n'était plus qu'en partie langroise ; elle devenait autunoise pour une part à peu près égale, et, pour le reste, chalonnaise et bisontine. Il est bien évident que, si les nouvelles parties du diocèse adoptaient les Saints de Langres, elles avaient, par réciprocité, le droit d'espérer que les paroisses d'origine langroise adopteraient ceux dont elles avaient coutume de fêter les anniversaires. Non qu'il fût nécessaire de réunir les quatre Propres de Langres, d'Autun, de Chalon et de Besançon en un seul ; mais ne semble-t-il pas qu'il y avait lieu d'emprunter à chacun de ces Propres

les fêtes des Saints dont le culte était particulièrement en honneur dans
les contrées devenues respectivement parties composantes du nouvel
évêché ? La chose, d'ailleurs, paraissait d'autant moins difficile que
plusieurs des Saints dont il s'agit avaient leur culte établi dans toutes
ou du moins dans plusieurs d'entre elles. Ceux qui avaient illustré la
célèbre métropole de Besançon, les moines que Cluny avait mis sur ses
autels, ceux dont Cîteaux avaient répandu la gloire, ne pouvaient-ils pas
figurer aussi honorablement à côté de saint Mammès de Langres et de
saint Bénigne de Dijon, quelle que fût, d'ailleurs, la renommée des antiques
patrons de ces deux églises ?

II

Ces pensées étaient entrées dans la conscience chrétienne de nos compa-
triotes, lorsque le diocèse de Dijon revint à la liturgie romaine et qu'il
s'agit d'établir le Propre de ses Saints. Mais l'une de ces deux questions fit
tort à l'autre. Dans l'esprit de certaines personnes, dont l'influence fut pré-
pondérante, le retour à la liturgie romaine prima l'établissement d'un Propre
dijonnais. Il leur sembla que les Saints locaux devaient s'éclipser devant
l'unité de la liturgie générale de l'Église, et qu'il fallait par conséquent en
éliminer le plus possible du nouveau calendrier.

D'un côté, le Chapitre de la cathédrale, consulté par Mgr Rivet, repoussa
l'admission d'une foule de Saints qui jouissaient pourtant d'une possession
certaine au point de vue du culte qui leur était rendu parmi nous. La maxime
Beati possidentes, pourtant si légitime en l'espèce, ne leur fut point appli-
quée. Les vénérables chanoines se montrèrent en cela plus rigoureux que
ne l'eussent certainement demandé les éminentissimes cardinaux de la
Congrégation des Rites.

D'un autre côté, plusieurs Saints, originaires de notre diocèse, ne
semblent point avoir été agréés par Mgr Rivet, bien que présentés par le
Chapitre. Mgr l'Évêque se préoccupa surtout du fait de la possession du
culte. Pénétré de cette idée, d'une manière trop absolue peut-être, il crai-
gnit de ne point réussir à Rome, s'il introduisait dans son Propre un
certain nombre de Saints très authentiques, il est vrai, mais qui n'étaient
point honorés dans le diocèse de Dijon, bien qu'ils en fussent les fils. Cette

crainte était-elle fondée ? Il est permis de ne pas le croire, en voyant l'accueil fait depuis par la Congrégation à des demandes semblables, venues d'Autun par exemple.

Faut-il le dire ? Les droits des Saints honorés dans les nouvelles parties du diocèse ne furent peut-être pas non plus assez vivement défendus soit au sein du Chapitre, soit par l'Évêché lui-même. Il semble aussi que MM. les Chanoines et Mgr l'Évêque aient été fortement influencés par le désir ou peut-être la volonté arrêtée de faire un Propre court, pour faciliter les offices et diminuer les frais d'impression.

Enfin il ne paraît pas qu'on ait assez profondément étudié, de part et d'autre, notre hagiographie diocésaine. Car, en dehors des Saints éliminés par le Chapitre ou par l'Évêque, il en est plusieurs qui furent complètement oubliés. Leurs noms méritaient plus d'honneur, et il y avait lieu d'examiner leurs titres.

Le Propre qui sortit de cette confusion d'idées et de principes parut, après une longue préparation, en 1864. La déception fut grande. Les fidèles et les prêtres regrettèrent les Saints qu'ils voyaient écartés ou méconnus, et les hommes épris des anciennes traditions et des gloires du passé se plaignirent hautement.

Un de ceux-ci, M. Joseph Garnier, le savant conservateur de nos archives départementales, se fit l'interprète de ce sentiment. Il vint trouver Mgr Rivet et sut donner à sa pensée la forme incisive dont il était coutumier :

« Monseigneur, lui dit-il, j'ai depuis quelque temps deux grandes tentations, qui me rendent très malheureux. J'ose à peine en confier le secret à Votre Grandeur ; je voudrais cependant les lui dire, si elle veut bien m'entendre, mais j'ai besoin de toute son indulgence, parce que ces deux tentations sont sans doute très mauvaises et ne peuvent que vous faire horreur. »

Le prélat, qui tenait M. Garnier, non pour un chrétien pratiquant, mais pour un homme loyal et sincère, ne put s'empêcher de lui dire : « Vous m'effrayez, M. l'Archiviste ; expliquez-vous : je vous écoute. » Son interlocuteur reprit :

« J'ai ouï dire qu'un évêque, assez voisin d'ici, avait fait dresser un Propre des Saints de son diocèse : en quoi il a bien agi ; mais où il y a eu maldonne, c'est qu'il a oublié, le malheureux ! la moitié des personnages dont il devait rappeler les noms. Et, pour comble de mésaventure, il a même oublié les témoins du martyre du premier apôtre de son diocèse et les fondateurs de sa cathédrale. Je voudrais lui faire remarquer sa méprise ; j'y suis fortement poussé ; c'est ma première tentation. »

Mgr Rivet l'arrêta, lui prit affectueusement la main et lui dit : « J'ai compris l'allusion ; vous êtes un brave homme. Mais je n'y puis rien : le Propre est imprimé ; que voulez-vous que je fasse ? »

« Monseigneur, répondit M. Garnier, c'est précisément ce qui m'afflige le plus, et vous allez comprendre ma deuxième tentation : elle est infiniment plus grave que la première. » — « Je ne vois pas quel en peut être l'objet, reprit encore le prélat, puisque notre Propre est imprimé. » — « Eh ! bien, Monseigneur, répliqua l'ingénieux archiviste, je suis horriblement tenté de dire à l'évêque dont il s'agit : puisque votre Propre est imprimé, mettez-le au pilon. »

Mgr Rivet, visiblement ému, ne répondit pas ; il avait trop de choses à taire. Ayant recommandé aux vénérables chanoines le secret de leurs délibérations, il voulut le garder absolument lui-même. Il s'était pourtant produit une fuite. D'après certaines indiscrétions, qui avaient représenté plusieurs membres du Chapitre comme opposés aux idées de l'Évêque, un des vicaires généraux, M. l'abbé Colet, plus tard évêque de Luçon, puis archevêque de Tours, fit un jour, à cet égard, une scène à M. Bauzon, supérieur du grand séminaire. Il lui reprocha vivement son attitude au Chapitre. Le saint homme se plaignit « avec amertume » à ses confrères de la violation du secret de leurs délibérations. Le Chapitre prit alors l'engagement de ne faire connaître à personne, pas même à Mgr l'Évêque, l'opinion des uns et des autres, ni le nombre de ceux qui étaient pour ou contre, sur n'importe quel sujet (1). Il décida même, afin de mieux conserver le secret, que les procès-verbaux se contenteraien t des indications les plus sommaires(2).

Mais, comme l'a dit le poète :

Il n'est aucun secret que le temps ne révèle.

Le temps est venu, semble-t-il, de tirer le rideau derrière lequel se cachèrent les délibérations capitulaires. Il y a, d'ailleurs, des questions intéressantes à élucider. A qui faut-il attribuer la composition du Propre de

(1) Séance capitulaire du 18 août 1858.
(2) Séance du 27 août suivant.

1864? Quels furent les Saints proposés par Mgr Rivet? Quelles exclusions le Chapitre prononça-t-il?

III

L'opinion publique, défavorable à la nouvelle rédaction, se plut à l'attribuer à l'un des confidents de Mgr Rivet, M. l'abbé Pillot, qui en a porté, toute sa vie, l'impopularité. Quant à l'intervention du Chapitre, elle est restée jusqu'ici couverte d'un assez grand mystère.

Mais M. Pillot doit être mis hors de cause, et le voile qui cache l'ancien secret n'est pas difficile à lever.

C'est M. Colet lui-même qui reçut la mission de préparer le travail et de dresser, comme on disait alors, l'avant-projet qui devait être soumis au Chapitre. En homme avisé qu'il était, il se tourna vers les parties les plus importantes nouvellement entrées dans le diocèse, c'est à dire vers les églises autunoises et chalonnaises, pour rechercher quelles pouvaient êtres leurs justes revendications. Il se trouva, par une heureuse fortune, que le diocèse d'Autun, en avance de quelques années sur le nôtre dans le retour à la liturgie romaine, venait de faire approuver son nouveau Propre à Rome. L'impression en était même déjà commencée. Le travail de M. Colet devait en être singulièrement facilité.

Le vicaire général de Dijon écrivit à M. Bouange, son collègue d'Autun et futur évêque de Langres, qui avait été chargé, comme lui, de préparer un Propre pour son Diocèse (1).

« Dijon, le 29 mars 1857.

« Monsieur et vénéré collègue,

« Mgr notre Évêque, ayant le projet de s'entendre avec son Chapitre pour l'adoption de la liturgie romaine, je désirerais vivement connaître le Propre que vous avez dressé pour votre diocèse. Je vous prie donc, si ma demande n'est pas indiscrète, de vouloir bien m'en communiquer un exemplaire. »

Nous verrons plus loin qu'à cette date l'impression dont il s'agit n'était pas encore achevée. M. Bouange en communiqua les feuilles au fur et à

(1) Bibliothèque du Grand-Séminaire de Langres. Fonds Bouange.

mesure qu'elles paraissaient. M. Colet était moins au courant que lui de ce qu'il y avait à faire ; il continuait en ces termes :

« Je vous serais fort reconnaissant, Monsieur et cher collègue, si vous vouliez bien m'indiquer les principes généraux qui doivent présider à la rédaction de ce travail. Gavantus, de Herdt, Falise et la collection des décrets de la Congrégation des Rites, compléteraient, je l'espère, mon éducation sur ce point ; j'avoue que je n'ai pas le courage de me lancer dans les in-folios. »

En fait d'in-folios, M. Colet aurait bien fait de lire simplement dans les *Acta Sanctorum* les vies de nos Saints dijonnais. Il y aurait trouvé les éléments de son travail. Quant à la liste de ces Saints, il fallait recourir aux calendriers qui sont en tête de nos vieux livres liturgiques : Bréviaires, Missels, Rituels et autres documents de ce genre. C'est pour n'avoir point puisé à ces sources que le Propre de 1864 a fait tant et de si regrettables omissions.

M. Colet achevait par ces mots :

« Je vous demande pardon d'abuser ainsi de votre charité ; mais je sais que vous avez eu une grande part dans la rédaction du Propre d'Autun et de celui de Saint-Flour ; et, quand les pauvres sont dans le besoin, ils s'adressent naturellement aux riches. »

M. Bouange répondit avec empressement à une aussi aimable invitation, en engageant son vénéré collègue à venir le trouver. Celui-ci accepta aussitôt. Il lui écrivait dès le 3 avril :

« Je serai trop heureux d'aller me *recorder* auprès de vous à Autun. Voulez-vous de moi dans la semaine de Quasimodo ? »

Sur ces entrefaites M. Bouange perdit son père ; il fallut attendre un peu. L'évêque d'Autun offrit gracieusement l'hospitalité à notre vicaire général. Les lettres qui précédèrent le départ de M. Colet montrent qu'il ne connaissait aucun des documents que lui avait sans doute signalés son correspondant (1). Il prétendait que tout ce qui concernait l'ancienne liturgie avait été détruit par la Révolution, alors que nos archives et nos bibliothèques contiennent tant et de si précieux trésors. Il n'allait pas au delà du Bréviaire de Mgr d'Apchon et du Propre de Mgr Bouhier.

En tout cas, une fois à Autun, il s'occupa très activement de sa tâche : « Nous travaillâmes ensemble, porte une note de M. Bouange, le 21, le 22 et

____

(1) Lettres des 11, 16 et 18 avril 1857. Même Fonds.

le 23 avril 1857, à l'organisation du calendrier, [ainsi qu']à la préparation de l'exposé des fêtes diocésaines et de leurs motifs, qui devait être présenté au Saint-Siège. »

Le 29 avril suivant, le voyageur remerciait son initiateur du service qu'il lui avait rendu, et lui accusait réception d'une nouvelle feuille du Propre d'Autun : « Je pense avec bonheur aux heures que nous avons passées ensemble et où vous m'avez traité avec une bonté si fraternelle. »

Monseigneur l'Évêque, ajoutait M. Colet, était en tournée de Confirmation et n'avait pas encore pu prendre connaissance du rapport que son vicaire général avait rédigé « pour être communiqué au Chapitre ».

Une autre lettre, datée du 18 mai, annonça bientôt que la chose était faite :

« J'ai profité du retour de Sa Grandeur à Dijon pour lui faire adopter un avant-projet pour la rédaction de notre Propre et pour saisir le Chapitre de la question. Je suis très heureux de voir l'affaire officiellement engagée. »

A cette date, en effet, le Chapitre avait reçu communication des documents préparés par M. Colet de concert avec M. Bouange. Le procès-verbal de la séance du 11 mai 1857 nous apprend que la vénérable assemblée s'était réunie à cet effet.

IV

Elle se composait alors de huit membres : M. Poinsel, doyen, chanoine depuis le 17 janvier 1839 ; M. Bauzon, supérieur du Grand Séminaire, chanoine de la même promotion ; M. Bernard, nommé le 29 septembre 1844 ; M. Tombret, le 24 août 1845 ; M. Perrot, le 27 octobre 1850 ; M. Comparot, le 20 octobre 1852 ; M. Thuillier, le 7 octobre 1854 ; M. Gruère, le 30 août 1856.

Le Chapitre tint, au sujet du Propre, soixante-quinze séances ; la dernière, le 27 mars 1860. Mais l'examen auquel il se livra ne s'étendit pas au-delà du 27 mai 1859 (1). MM. Perrot et Gruère furent chargés des

____

(1) Registre du Chapitre n° 4. Les séances du 29 novembre 1859 et du 27 mars 1860, les seules où il s'occupa encore du Propre, après celle du 27 mai, furent consacrées aux mesures à prendre en vue de conserver les documents qui lui avaient été soumis.

recherches d'érudition. M. Thuillier, par regret sans doute de la liturgie parisienne, qu'il s'agissait d'abandonner, s'abstint de paraître aux réunions.

Les pièces qui furent lues le 11 mai étaient au nombre de trois. La première renfermait « l'avant-projet » dont il a été question. Elle devait comprendre, si l'on en juge par les délibérations capitulaires, au moins 44 noms, qu'il serait trop long de citer. 17 seulement des Saints qu'elle portait trouvèrent grâce devant MM. du Chapitre : tels saint Andéol, saint Victor et sainte Couronne, saint Révérien, saint Éloi. Parmi ceux qui ne furent point honorés de leurs suffrages, il faut nommer deux reines de France : sainte Bathilde et sainte Radegonde ; un évêque d'Autun, saint Cassien ; un de Besançon, saint Antide ; des patrons de nos églises : saint Aignan, saint Baudèle, saint Prix, et saint Vallier ; des moines de haute marque : saint Thibault et saint Odilon.

La deuxième pièce contenait « un tableau comparatif pour la conservation du Propre diocésain ». Ce tableau, les actes capitulaires ne le donnent pas ; il semble qu'on y devait rencontrer les noms qui pouvaient être regardés comme acquis au nouveau Propre : par exemple, les premiers apôtres du diocèse : saint Bénigne, saint Andoche et saint Thyrse ; les premiers évêques de notre église métropolitaine : saint Pothin, saint Irénée et les compagnons de leur martyre ; les évêques de Langres : saint Grégoire, saint Urbain, saint Didier, saint Aproncule ; les cénobites de nos vieilles abbayes : saint Jean de Réaume, saint Seine, saint Robert, saint Etienne Harding ; nos premiers moines : saint Frodulphe, saint Baudry, avec saint Florent de Til-Châtel ; enfin les Saints de nos grands pèlerinages : saint Marcoult et sainte Reine d'Alise. Tous ces personnages, en effet, figurent dans les délibérations capitulaires après l'examen de l'avant-projet et ne semblent pas avoir été discutés. Le Chapitre étudie leurs légendes, sans avoir posé la question préalable de leur admission.

La troisième pièce était un état des saints Patrons des églises du diocèse qui n'avaient point d'office propre dans la liturgie romaine. La vénérable assemblée ne tint pas compte de ce dernier document. En voici la raison:

Mgr l'Évêque et le Chapitre se trouvaient d'accord sur les deux principes suivants :

(1) Séance du 15 mai et suiv. ; spécialement celle du 28 sept. 1857.

1° Il y a lieu d'insérer dans le Propre diocésain les fondateurs des églises qui ont cédé à celle de Dijon une partie de leur territoire ;

2° On peut également admettre tous les Saints qui sont nés dans le diocèse, ou qui y ont vécu, ou qui y sont morts.

Mais là s'arrêta leur entente. Mgr Rivet voulait que l'on admît les Saints qui, bien que n'étant point aborigènes, jouissaient d'un culte immémorial dans les limites actuelles du diocèse, et qui avaient, par conséquent, acquis un véritable titre de possession.

Il allait même plus loin : il tenait compte aussi de la grande notoriété locale de plusieurs Saints qui, n'étant point non plus aborigènes, se trouvaient pourtant honorés comme patrons dans un certain nombre de nos églises, si ces églises étaient des centres de pèlerinages et surtout si elles possédaient des reliques insignes de ces Saints.

Le Chapitre n'admit point ces deux dernières règles, tout en se laissant influencer, quand elle lui fut indiquée, par l'existence des pèlerinages. En tout cas, il prit son temps.

Le 3 juin 1855, M. Colet écrivait à son collègue d'Autun : « Nous allons assez lentement ; MM. du Chapitre n'ont pas encore terminé leurs délibérations sur le tableau dressé d'après vos indications et soumis à cette assemblée revêtu de l'approbation de Monseigneur.

« De mon côté, j'ai dressé un état de toutes les reliques insignes que possède le diocèse, et j'en ai découvert deux que j'ignorais : le chef de saint Prix et celui de saint Gengoult. De plus, en faisant des recherches au sujet des Saints patrons de quelques églises, dont les noms ne se trouvent ni dans le martyrologe romain ni dans Godescard, j'ai reconnu que plusieurs de ces Saints appartenaient à la localité. Nous aurons donc quelques modifications à introduire dans le calendrier que j'ai rapporté d'Autun. Mais la clarté avec laquelle vous m'avez exposé les choses, et le soin que j'ai pris, à mon retour ici, de faire quelques études pour me rendre compte du pourquoi et du comment de chaque question, me mettent, je crois, en état de suffire à ma tâche. »

L'excellent vicaire général se trompait. Godescard et le martyrologe romain étaient insuffisants. Il fallait, je l'ai dit, recourir aux Bollandistes et à nos anciens recueils liturgiques. Tous nos souvenirs authentiques sont là. Le 16 juin, M. Colet trouvait que MM. les Chanoines étaient un peu lents : il écrivait encore à son ami :

« Ces bons Messieurs exercent passablement ma patience ; mais j'espère que nous finirons par aboutir à un résultat quelconque, sans froisser aucune susceptibilité. »

Le 31 juillet, il entrait dans plus de détails :

« Je vous remercie du nouvel envoi [des feuilles du Propre d'Autun] que vous venez de me faire. Vous allez vite, lorsque ici nous restons stationnaires. La difficulté est de concilier les vues de Monseigneur notre Évêque, et celles de MM. du Chapitre sur les Saints que nous admettrons dans notre nouveau Propre. J'espère cependant que tout finira par s'arranger. J'ai fait un long mémoire, qui semble [devoir] faire impression sur le Chapitre et 'le ramener à accepter, sauf quelques modifications, le projet que j'ai rapporté d'Autun. »

V

Malgré cette assurance, c'est l'Évêché qui céda. Ce fait indiscutable résulte des délibérations capitulaires : MM. les Chanoines continuèrent d'appliquer leurs principes ; ils n'admirent de l'avant-projet que les Saints auxquels s'appliquaient leurs deux règles, en déclarant, à maintes reprises, que ni la possession du culte ni la notoriété des patrons, même avec leurs reliques insignes, ne constituaient des titres suffisants. Ils envoyèrent, le 4 octobre, leur rapport à l'Évêché. Mgr Rivet y répondit amplement. Le Chapitre soumit les remarques qu'il avait faites à de nouvelles délibérations. Ces délibérations ne commencèrent que le 22 avril 1858 ; elles ne se départirent point des principes qui avaient guidé les précédentes. Le 16 décembre 1857, une lettre de M. Colet constatait, sans l'avouer, la victoire des chanoines.

« La difficulté dont je vous ai entretenu dans ma dernière lettre est enfin résolue. Notre travail a subi d'assez nombreux retranchements. »

Le Chapitre avait achevé l'étude du calendrier : il la recommença pour répondre aux observations épiscopales. Cette fois, il réclama lui-même l'insertion de plusieurs Saints, qui lui parurent sans doute répondre à ses principes, qu'il élargissait peut-être un peu dans la circonstance. Ceux qui obtinrent cette faveur furent sainte Foi, saint Amable, saint Alexandre, saint Silvestre, saint Silvain, saint Prudent ; mais ils ne la gardèrent pas, les chanoines étant revenus sur leur décision.

D'autres Saints furent plus heureux ; ils sortirent triomphants même de l'examen de leurs légendes qu'il s'agissait d'ajuster pour la composition définitive du Propre. Pour cette étude, le Chapitre fit une troisième fois le tour du calendrier, en attendant qu'il la refît une quatrième pour examiner le projet de Missel. Ces travaux expliquent et justifient la lenteur de sa marche. Les recherches qu'ils exigèrent expliquent aussi la découverte de ces nouveaux Saints, qu'avait encore oubliés l'avant-projet venu d'Autun. En voici la liste :

Saint Guillaume, saint Gengoult, sainte Paschasie, saint Eustade, saint Tranquille, saint Gontran, saint Sigismond, saint Mayeul, saint Baudry, saint Benoît d'Aniane, sainte Floride, saint Gérard, sainte Hombeline et la Bienheureuse Alèthe.

Mgr Rivet accepta saint Gengoult, saint Gontran, saint Sigismond et saint Baudry, qui figurent en effet au Propre.

M. Colet s'enthousiasma pour quelques-uns d'entre eux. Il écrivait à son ami d'Autun, le 6 avril 1858 :

« J'ai découvert deux saints nouveaux, dont l'office a été approuvé l'an dernier par la Sacrée Congrégation des Rites, en faveur de l'Ordre de Cîteaux. Ce sont saint Gérard et sainte Hombeline, frère et sœur de saint Bernard.

« Cette découverte m'a amené à examiner si saint Guillaume, abbé de Saint-Bénigne, dont l'office a été approuvé par la Sacrée Congrégation des Rites en 1739, ne serait pas dans le cas prévu par Benoît XIV, dans son grand ouvrage relatif à la Béatification et à la Canonisation des Saints : *De Casu excepto a decretis Urbani VIII in genere.*

« J'ai écrit à Fécamp où sont conservées les reliques du saint abbé et ai pris des renseignements de divers côtés pour m'assurer s'il ne lui a pas été rendu un culte quasi liturgique. »

Le vénérable abbé Guillaume, comme nous l'appelons en Bourgogne, avait fait élever en l'honneur de saint Bénigne un magnifique édifice romain, écroulé depuis, mais ensuite reconstruit sous la forme gothique, et choisi longtemps après pour devenir la cathédrale du diocèse de Dijon.

Sainte Paschasie et sainte Floride étaient les témoins dijonnais du martyre du premier apôtre de la Bourgogne. Saint Eustade avait bâti le premier édifice qui couronna son tombeau. On reconnaît ici les noms en faveur desquels avait spécialement réclamé M. Garnier.

Ces noms, Mgr Rivet, à son regret sans doute, ne les accepta point, pas plus que les autres qui furent également omis dans son Propre. Si l'on en cherche les raisons, elles sont, croyons-nous, dans les règles qu'il s'était tracées et qu'il voulut leur appliquer, sans être suffisamment averti du véritable titre de possession dont ils jouissaient au point de vue du culte liturgique, et sans avoir vu que la recommandation des chanoines, qui leur avaient appliqué d'autres règles, aurait dû lever ses scrupules. Tel est, en ce qui le concernait personnellement, le grand secret qu'il ne voulut point livrer à l'Archiviste.

Ainsi donc, les très estimables auteurs du Propre publié en 1864 n'avaient point assez approfondi ces questions plus complexes qu'elles ne semblaient de prime abord à l'un d'eux.

Il y a plus : la difficulté d'un tel sujet explique aussi l'omission de dix autres saints dont personne ne parla. Leurs noms sont pourtant bien connus : saint Vivant, de Vergy ; saint Albéric, de Cîteaux ; sainte Colette, fondatrice des Clarisses d'Auxonne et de Seurre ; saint Florentin, de Semond ; saint Jacob, le pèlerin de saint Bénigne, qui revint de Rome pour mourir à Dijon et qui fut inhumé dans la crypte de l'abbaye bénédictine ; saint Gébuin, de Beaumont ; saint Agricole, d'Alise ; saint Phal, célèbre par son pèlerinage et par la chapelle qui lui est dédiée entre Vanvey et Villiers-le-Duc ; saint Flocel et sainte Pélagie, dont les églises de Beaune et de Mont-Saint-Jean possèdent des reliques insignes et dont le culte est resté cher au peuple.

Tous ces Saints sont bien les nôtres, en ce sens qu'ils sont nés dans notre diocèse, ou qu'ils y ont vécu, ou qu'ils y sont morts, ou que nous possédons leurs reliques et qu'ils ont réellement joui chez nous d'un culte séculaire. Les règles d'admission qui furent adoptées par les chanoines ou celles que suivit Mgr Rivet leur étaient donc applicables.

Le procès-verbal de la séance capitulaire du 29 novembre 1859 laisse supposer que la rédaction définitive était partie pour Rome. Le Chapitre exprime, en effet, le regret qu'elle ait été envoyée, sans qu'il en eût pris connaissance, et sans qu'on lui eût demandé s'il n'avait pas de nouvelles observations à présenter. »

Le 27 mars 1860, il réclama par une lettre officielle « tous les manuscrits relatifs au travail que Mgr Rivet avait fait sur le Propre du diocèse, et qui, sur sa demande, lui avaient été retournés ». MM. les Chanoines voulaient les

conserver dans leurs archives ou tout au moins en prendre copie. Ils attendirent en vain la réponse.

Une nouvelle lettre capitulaire, datée du 17 mars 1861, renouvela la
même demande, mais sans plus de résultat.

Mgr Lecot nomma plus tard une Commission pour la révision d'une
œuvre aussi manifestement incomplète; mais son trop prompt départ ne lui
permit point de suivre cette idée.

Son successeur immédiat la reprit avec une Commission nouvelle, qu'il
choisit lui-même. Celle-ci eut à cœur de réparer les anciennes omissions;
elle se mit au travail avec ardeur et fit les recherches nécessaires. Mais celui
qui lui avait donné mandat, l'abandonna en cours de route, sans plus se
soucier de ses délibérations. On apprit un jour, en effet, et non sans étonne-
ment, qu'il avait traité avec un imprimeur pour une nouvelle édition du
Propre défectueux de 1864, qu'il voulait précédemment réviser.

La Commission nouvelle se trouva par le fait même dessaisie, son
travail n'ayant plus d'objet.

Nos Saints oubliés attendirent encore; ils attendent toujours.

____

DIJON, IMPRIMERIE DARANTIERE